湛庐 CHEERS

与最聪明的人共同进化

HERE COMES EVERYBODY

Step By Step to Stand-up Comedy – Workbook Series

手把手教你玩
脱口秀实战系列

如何成为一名脱口秀老手

[美] 格雷格·迪安（Greg Dean）著
笑果研究所 译 呼兰 程璐 审校

Workbook 5: How to Get the Experience to Be Funny

浙江人民出版社
ZHEJIANG PEOPLE'S PUBLISHING HOUSE

献给我光彩照人的妻子，盖拉·约翰逊–迪安，

她帮我找到了自己的快乐舞步。

脱口秀老手具备的技巧，你有吗？

扫码鉴别正版图书
获取您的专属福利

- 对于脱口秀初学者来说，开放麦是一种很好的增加表演经验的方式。这么说对吗？

  A. 对

  B. 错

- 在进行脱口秀表演时，最好让麦克风对准你的嘴巴，这样能让观众听清你讲的话。这是对的吗？

  A. 对

  B. 错

扫码获取全部测试题及答案
一起了解如何修炼成
脱口秀老手

- 在脱口秀表演时，应该把有争议的笑话放在表演中间的位置。这是对的吗？

  A. 对

  B. 错

推荐序

石老师和泥瓦匠

有一天，庄子带着学生去给一个穷朋友送葬，路过惠施的墓地，突然感伤起来，转身对周围的学生讲了一个故事。

从前，楚国的都城郢城有一位泥瓦匠，干活的时候鼻尖上溅了一滴石灰浆，远处看着像苍蝇翅膀似的。但是，这位老哥就是不愿意自己擦掉，而是不嫌麻烦地大老远找了一位名字叫作石的木匠来处理。石老师来了以后，泥瓦匠说谢谢您嘞，您把这个点儿给我削了呗。石老师表情平淡地接了这个活儿，然后手里抄起锛子，风一般地围着鼻尖转动，眼睛看都不看一下，全凭听。转眼间就收工了，白点儿消失无踪，鼻尖完好无损。

一场高手之间的风云际会就这么静悄悄地结束了。两人各自收工回家，云淡风轻，江湖上只留下传说。后来这事都过去很久了，还是传到了领导的耳朵里。领导多好奇啊，就让人把石老师请到办公室，在自己的鼻尖上点了一个白点儿，让石老师再削一次，可能他的重点是想把自己弄成传说的一部分吧。石老师依然那么面无表情，说:“我以前能做，现在依然能做，但是郢城的泥瓦匠已经去世多年了，我为什么还要做呢?”

讲完这个故事，庄子转身面对惠施的坟墓，说:“以前你活着的时候我跟你 battle，现在你不在了，我还能跟谁比啊？这个寂寞的世界！”

这个故事出自《庄子·杂篇·徐无鬼》。

这个故事可以从很多个角度来解读，高手之间的惺惺相惜啊，人世间的寂寥啊，等等。除此之外，石老师的伤感还来自无人能够欣赏自己精湛技艺的那份落寞。

硬转场，转到美式喜剧上来。

美式喜剧不是单口相声。对于观众来说，他们接受的应该是逻辑而不是故事，是遵循逻辑后由超出逻辑的合理而带来的笑点，而不是由故事结构的起承转合酝酿出来的包袱。所以，一个优秀的脱口秀演员，都会有自己强烈的风格，这源自他或她特有的逻辑内核。

因此，如果观众无法理解这种逻辑层面的规律，看到的就是几个人在耍贫嘴。

笑果的团队一直致力于把美式喜剧推广起来，他们有一批优秀的年轻脱口秀演员正在不断地成长。不过，他们也在担心，中国市场已经做好接受美式喜剧的准备了吗？美式喜剧中的逻辑线真的已经在中国观众中搭建起来了吗？于是，除了线下的演出，他们也在用力地把与之相关的规律性的东西拿出来与大家分享，于是就有了之前那本《手把手教你玩脱口秀》。这里穿插一个小故事：我经历过的他们最恐怖的脱口秀线下演出，现场只有三个观众，但后台却有一群演员和工作人员，所以，当时那三个人听得心惊胆战，演员也表演得如履薄冰。

这次的实战系列，其实是《手把手教你玩脱口秀》的细则版，用更多的接近于实操的内容把上一本书提到的大原则具象化。因此，这套练习册真的可以对照着来学习。你如法炮制，写出来的东西虽然不一定特别好，但终归会说出有趣的话来。

但，我不觉得这是重点。

重点应该是，让看到这些练习册的朋友，通过对脱口秀实操练习的了解，明白这类喜剧的逻辑到底是什么。换句话说，这是石老师正在给自己培养一个泥瓦匠。

因为石老师，寂寞。

哪个身怀绝技的人不想随风起舞？

让我们一起，帮助那些年轻优秀的脱口秀演员，舞动起来吧！

谢谢您。

张绍刚

2019 年 6 月

笑果研究所翻译组成员：
盖柴、余穠、颜怡、颜悦。

使用须知

在《如何提升现场表演技巧》中，你学到了成为一名有趣的脱口秀演员所需要的表演技巧，也练习了克服舞台恐惧、应对头脑空白、应付冷场和对付起哄者的办法。现在你该进入舞台经验的下一个学习阶段了。

这本《如何成为一名脱口秀老手》中有与《手把手教你玩脱口秀》第 9 章、第 12 章和第 13 章相对应的习题，可以帮助你练习脱口秀技巧。其中一些课程不包含习题，而是提供了一些督促你去开放麦和演出的任务清单。这些任务与本册中的其他练习一样，对你的个人发展非常重要。

本练习册教什么

本练习册分为 3 章。第 1 章是如何获得表演机会、增加表演经验。想要变得有趣，除了积累舞台经验以外，没有其他的捷径，因为没有观众的反馈是无法进步的。第 2 章是正确的麦克风使用技巧。第 3 章讨论了如何在演出之后进行有效的复盘。

一些实用的建议

为了更好地进行喜剧表演练习，你需要做好以下几件事：

● **设置舞台和麦克风**

在本册中，你将学习使用麦克风的技巧和禁忌。为了有效地进行练习，你需要创造一个舞台空间，要有麦克风、麦克风线、麦架，或者这些设备的替代品。

你可以选一个房间，用胶带或绳子划出一片区域来代表舞台。至于麦克风、麦克风线和麦架，有这样的设备当然最好，KTV 的机器也可以使用。但即便没有这些设备，你也可以想办法找到替代品。例如，把绳子绑在一把勺子上，将其当作有线麦，再把它架在作为麦架的衣帽架上。尽力去模拟这些，因为你要对设备使用非常熟练。

● **保留批评者位置□和排练空间○**

格雷格·迪安的排练流程让排练远离自我批评。有关批评者位置□和排练空间○的理由和安排都可以在《如何准备一场自然真实的表演》中找到答案。除非有特别要求，所有的学习都将在批评者位置□完成，只有看到具体指示时，你才需要去排练空间○完成练习。

● **保留你的虚拟观众**

设置好舞台、有线麦和麦架后，在观众会坐的地方摆一些椅子，想象有一些陌生人坐在观众席。不要把你的亲戚朋友纳入虚拟观众，因为他们认识你，你可能会产生他们在评判你的感觉。有一些练习需要与想象出来的观众互动。我知道这听上去有点诡异，但很有效。在这之后，你可以请真人坐在观众席，并在他们面前练习。练习的重点就是如何与观众产生互动。

以上都安排妥当之后，你就可以在虚拟观众和真实观众面前进行练习了。加油！

目录

WORKBOOK 5: HOW TO GET THE EXPERIENCE TO BE FUNNY

对于渴望成功的脱口秀演员来说，积累舞台经验是最重要的锻炼。我可以教你很多脱口秀技巧，但能让你变得幽默的唯一途径是在观众面前表演。

在我看来，只有一种力量可以强大到逼你成为一名职业脱口秀演员：渴望逗人发笑的强烈心理驱动。在成为一个幽默的脱口秀演员的过程中，人们不会花大价钱观看你的演出，你赚到的那点钱匹配不上你在此过程中付出的努力。对于初学者来说，在学习如何变得幽默的这段时间里，你能学到最多的就是错误的表演经验，也就是怎样做是没有效果的。唯一能让你成功的方法就是尝试，并从错误中学习。

下面是一些能得到舞台表演时间的场所。

开放麦

在一些夜店、饭馆或咖啡馆中，只要愿意，任何人都可以上台表演 3 ~ 6 分钟的脱口秀。如果你在开放麦里能表现得很幽默，就有可能在任何地方都可以表演得不错。

该你了！

1. 你需要花些精力来寻找你所在地区的开放麦场地。例如，找到当地的娱乐小报，搜索娱乐板块，或者上网搜索当地的开放麦。

2. 在下方横线上写下你可以去的开放麦，以及你要报名和表演的日期。

开放麦：

日期：

开放麦：

日期：

运作你自己的演出

咨询当地的喜剧演员，看看有没有适合演出的场地。你也可以拜访咖啡馆、酒吧、餐馆的负责人，问问他们是否有舞台、扩音设备和麦克风，以及他们是否有兴趣办一场类似于“喜剧之夜”的活动。这里比较难的一步是找到观众。在加利福尼亚州的圣塔莫尼卡有一个每周在青年旅社举办的开放麦，观众是来自世界各地的游客。那里总有 15 ~ 20 个观众，不是所有的人都说英语，但这正是有趣之处。总之，你得创造一个能定期进行表演的地方。

该你了！

1. 找一个办“喜剧之夜”的场地。找到后就开始为当晚预约几个喜剧演员，包括你自己。然后发传单告知当地民众。如果可以的话，做一个网站来刊登演出的时间和地点。假如这些都能搞定，你就有了一个表演和提升自己的场所了。

2. 在下方横线上写下一些有舞台的场地，挑一个日期与负责人聊一聊。敲定好场地后，写下第一场演出的日期。

场所：

与负责人商谈的日期：

演出日期：

场所：

与负责人商谈的日期：

演出日期：

演讲俱乐部

演讲俱乐部专注于公共演讲的锻炼，定期举行会议，让会员和嘉宾上台演讲。如果你可以在俱乐部里发言，用自己的脱口秀笑话作为演讲内容是非常不错的选择。这些俱乐部有自己的运作模式和规定，所以为了融入这种场所，你可能得做些让步。但如果你能加入进去，提高自己的喜剧表演能力，也是非常值得的事情。在这里表演的另一个好处是，俱乐部要求大家必须表演“干净”的笑话。

该你了！

1. 上网搜一搜当地的演讲俱乐部，去参加他们的聚会，看看活动是如何运作的。可以加入他们成为其中一员，并尽可能多地去做搞笑演讲。

2. 在下方横线上写下当地演讲俱乐部的地址，挑个日期去参加聚会，并写下你打算做搞笑演讲的所有日期。

演讲俱乐部地址：

第一次聚会日期：

演讲日期：

演讲日期：

演讲日期：

演讲日期：

演讲日期：

演讲日期：

演讲日期：

演讲日期：

演讲日期：

公民俱乐部会议

很多公共服务组织经常开会，有的还接受在会议上表演娱乐节目。这些组织存在的目的是支持社区工作，所以给人们提供机会在公众面前表演也成为他们的职能之一。当你有好的节目时，为他们表演可以获得报酬。记得一定要表演非常“干净”的笑话。目前，在加利福尼亚州的格兰岱尔，也就是洛杉矶的一个郊区，有一些多元艺术家征用了麋鹿旅馆，在其中一个大舞厅里创办了一个多元艺术中心。

该你了！

1. 上网搜一搜当地的俱乐部和组织，打电话问问他们是否有兴趣在聚会上加入一些娱乐表演。而且，你可能还会发现这是个办自己专场演出的好地方。

2. 在下方横线上写下当地俱乐部或组织的名称，以及你打算联系其负责人的日期。

组织：

日期：

组织：

日期：

组织：

日期：

组织：

日期：

匿名戒酒会

匿名戒酒会本身就是一个定期聚会，所以你可以和负责人谈谈是否能在聚会结束后，为愿意再多留一会儿的成员举办一场喜剧演出。那些愿意留下来的人，对你来说就是善于接纳的观众。你要再找一些喜剧演员，并且是水平真的很高的演员。因为如果演员全都冷场，那就不会有第二次了。在加利福尼亚州南部，已经有一些戒酒会在办喜剧演出了。办一场你自己的吧！

该你了！

1. 搜索当地的匿名戒酒会组织，打电话过去咨询办脱口秀演出的事情。有些组织可能会表示他们的成员希望在聚会时保持低调，但另一些可能会乐于接受这个提议。

2. 在下方横线上写下当地的匿名戒酒会，以及你计划联络其负责人的日期。

匿名戒酒会：＿＿＿＿＿＿＿＿

日期：＿＿＿＿＿＿＿＿

匿名戒酒会：＿＿＿＿＿＿＿＿

日期：＿＿＿＿＿＿＿＿

匿名戒酒会：＿＿＿＿＿＿＿＿

日期：＿＿＿＿＿＿＿＿

匿名戒酒会：＿＿＿＿＿＿＿＿

日期：＿＿＿＿＿＿＿＿

社交派对

如果你始终找不到合适的演出地点，那就把日常聚会的谈话当作笑话的传播途径。悄悄地练习笑话，不要让别人知道你是在拿他们做试验就行了。

该你了！

1. 在下方横线上写下你可以在聚会上使用的笑话或段落的标题。
2. 聚会结束后，在下方记录笑话是否奏效，以及你是否有即兴现编的笑话。

笑话或段落：____________________

笔记：____________________

笑话或段落：____________________

笔记：____________________

笑话或段落：____________________

笔记：____________________

永远不要抱怨没有地方进行表演，没有就自己创造一个。每一次表演都会让你的知识储备和个人风格得到加强。有些体验会很可怕，有些体验会很有趣，有些则二者兼而有之，但这都不是重点。重要的是，你要尽可能多地积累自己在公众面前表演的经验。

WORKBOOK 5: HOW TO GET THE EXPERIENCE TO BE FUNNY

02 麦克风的使用技巧

积累搞笑经验的第一步就是学习掌控麦克风、麦克风线和麦架。虽说这是一件简单的事，但你还是应该了解一些技巧和禁忌。

如果情况允许的话，用真的有线麦和麦架来练习，如果没有，也可以找东西来代替麦克风，只要练习时在手上握点什么就行了。如果你有 KTV 的设备，那就再好不过了，因为这些设备一般都包含了麦克风、麦克风线和麦架。如果没有的话，可以用勺子、梳子或棍子系上绳来代替麦克风。绳子非常重要，因为大多数人的问题就出在麦克风线上。至于麦架，可以用帽架或任何支架代替，只要能架住麦克风就行。

该你了！

1. 备好麦克风、麦克风线和麦架（实物或替代品）。

2. 确定虚拟观众的方位，以及你从哪里上场和候场，写在下面的横线上。

3. 去排练空间○也就是舞台上，在离观众近的地方设置好麦克风、麦克风线和麦架，然后离开。

4. 从候场区开始，登上舞台，站在麦克风前，面向虚拟观众，然后离开舞台。

虚拟观众的方位：________________

上场的方向：________________

候场区方位：________________

你已经为接下来的课程构建好舞台基础设施了，请继续学习下面的内容。

当你踏上舞台时

不要在整个演出过程中都把麦克风放在麦架上。

在表演开始时，把麦克风从麦架上取下，再把麦架放到舞台的后方。这里的第一注意事项是，除非你表演笑话时必须用到双手，否则请一直把麦克风握在手里。

该你了！

1. 从候场区开始，走上舞台，从麦架上取下麦克风，然后把麦架放到一边，把麦克风放回麦架并回到候场区。

2. 重复上述动作五次。很多专业人士认为，入场顺利，演出才会顺利。要学会如何顺利地上下场。

3. 去批评者位置□，在下方横线上写下所有你想要记住或学到的内容。

笔记：

如何拿麦克风

不要用麦克风挡住脸的下部。你得让观众看到你的脸，因为表达和反应也是喜剧表演的一部分。如果让麦克风挡住脸，观众就只能看到你的手和两只眼睛了。

拿麦克风时，要让它能够轻轻接触到你的下巴。如果麦克风离下巴太远，观众就会听不清你在讲什么。如果距离太近，声音就会太大，观众也会不舒服。

不要正对着麦克风讲话，因为这样会使声音变得扭曲，呼吸音也会产生杂音。很多脱口秀新人看到歌手们都正对着麦克风唱歌，以为自己也可以，其实不然。歌手们的麦克风是经过特殊设计的，你用到的则通常是公共演讲式的麦克风，所以请保持麦克风在下巴以下靠近胸的位置。

要在麦克风顶部以上讲话。很多手持麦克风都是全方位式的，也就是说它们采集的声音只要在某个距离之内，任何角度都是一样的。将麦克风放在下巴的下方，很容易使自己的声音保持在采音范围之内。

该你了！

1. 站在舞台上，也就是排练空间○里，从麦架上取下麦克风，并把麦架放到一边。然后把麦克风举到下巴以下靠近胸的位置，这样你的呼吸就能从麦克风顶部越过，而不会直接冲击它。

2. 四处走动并说话，但始终保持麦克风在下巴以下，靠近嘴巴。结束后，把麦架放回舞台中央，在麦架上放好麦克风，再离开。

3. 去批评者位置□，在下方横线上写下你觉得重要的体会。

笔记：______________________________

____

____

如何调整麦架

在调整麦架高低时，不要松开中间调节松紧的零件。如果你忘记了该往哪个方向旋转，很可能要花上整整一分钟才能使麦架重新恢复正常。

松开这个调节松紧的零件时，要踩住麦架的底部来稳定它，之后再调整、拧紧。如果不能很快地拧紧，说明你拧的方向是错误的。

不需要把麦架的高低调整到完美的高度。你只需要把麦克风从架子上拿开，并把麦架放到身后即可。

把麦克风从麦架上拿下时速度要快一些，随后把麦架放到一边。

该你了！

1. 站到排练空间○的麦克风和麦架前，稍稍松开中间调节松紧的零件，慢慢调整麦架的高度，调整到刚好在下巴的位置。在麦克风被架在麦架上时，不能正对着它说话，而是要在顶部以上说话。调好麦架，手停下来，说一段时间的话。

2. 走到批评者位置□，回看麦克风和麦架，看看自己是否做对了。

3. 回到排练空间○，如果你做错了，就再做一遍。如果你做对了，也再做一遍。

4. 走到批评者位置□，在下方横线上写下你的感悟。

笔记：

如何处理麦克风的线

不要直接踩在线上，因为它会在你的脚边卷起来。轻轻地把线移到靠近观众的一边，让线离你远一些，这样你在舞台上的移动就会更自由。

不要一直把线踢来踢去，可以偶尔用脚把身前的线移开。

不要把线缠到拿着麦克风的那只手上，让线在你面前垂下来。

不要把线缠到你另外一只手的手腕上，而是要让你另外一只手能够自由地做肢体动作。

不要上下摩擦麦克风的线。当没有做肢体动作的时候，任由你的手放在身体的一边。

该你了！

1. 从候场区的起始点进入排练空间○，站在麦架前。从麦架上取下麦克风，放在下巴下方。把麦克风线甩向观众方向以远离自己的身体。然后来回走，练习如何避开麦克风线。把麦克风重新放回麦架上，离开舞台。

2. 走到批评者位置□，回看自己是否正确处理了麦克风线。

3. 回到排练空间○，如果你做错了，就再做一遍。如果你做对了，也再做一遍。

4. 走到批评者位置□，在下方横线上写下你的感悟。

笔记：______________________________

____

____

____

____

____

做肢体动作时

不要用拿麦克风的手来做肢体动作，否则你的手和麦克风就会从嘴边移开，观众就听不到你在说什么了。要用没有拿麦克风的手来做肢体动作。当你需要换手做动作时，可以随意地把麦克风从一只手换到另一只手。

不要把脸移开，这样观众又会听不清你在讲什么。要让麦克风始终跟着下巴走，使它保持在正确的方位。

不要在来回走动时用偏舞台后方的手拿麦克风，这会使你的脸远离观众。要用偏舞台前方的手拿麦克风，以保证说话的时候你始终面对观众。

该你了！

1. 从候场区的起始点进入排练空间○，站在麦架前。从麦架上取下麦克风，把麦架放到一边。在对虚拟观众说话时来回走动，在做肢体动作时注意用左右手来回换麦克风，并确保麦克风始终在下巴下方的位置。始终用偏舞台前方的手拿着麦克风。结束后，把它重新放回麦架上，并离开。

2. 走到批评者位置□，回看自己在做肢体动作和踱步时是否保持了麦克风跟随下巴移动，是否保持了用偏舞台前方的手拿麦克风。

3. 回到排练空间○，如果你做错了，就再做一遍。如果你做对了，也再做一遍。

4. 走到批评者位置□，在下方横线上写下你的感悟。

笔记：

如果麦克风出现故障

不要用手敲打麦克风，而是先确认开关键是否已经打开。

不要扭动麦克风底部的插头。插头连接着线和麦克风，里面有弹簧，可能会因为扭曲而导致麦克风和插头产生永久性的损坏。要把插头插入麦克风底部深一点，使它们接触良好。

不要突然拉扯麦克风的线，因为很容易把线拉松或者把墙上的插头拉松。要确认有线的插头都已经插在了墙上。

不要生气、破口大骂或贬低这个俱乐部设备不行，这只会让你看上去很业余。要礼貌地让场地经理知道麦克风出了问题。然后把它放回麦架，放在一边，提高音量，尽你所能完成表演。

该你了！

1. 从候场区的起始点进入排练空间○，站在麦架前。从麦架上取下麦克风，把麦架放到一边。然后假装麦克风出了问题，检查开关，把底部插头插深。把麦克风放回麦架并礼貌地示意场地经理，然后提高音量完成你的表演，结束后离开。

2. 走到批评者位置□，回看自己是否正确处理了麦克风出现故障的情况。

3. 回到排练空间○，如果你做错了，就再做一遍。如果你做对了，也再做一遍。

4. 走到批评者位置□，在下方横线上写下你的感悟。

笔记：______________________________

____

____

____

应对突发情况

不要忽略意外和错误，比如麦克风突然从手上掉落、碰翻麦架、麦线缠住你的脚，或任何一个意外事件。

接受所发生的一切并处理它：把麦克风放回麦架上、把麦架放回原处，或者把线从脚上解开。如果你没有处理这些问题，观众会一直盯着它，直到你处理好了为止。

该你了！

1. 从候场区的起始点进入排练空间○，站在麦架前。从麦架上取下麦克风，把麦架放到一边。

2. 假装现场发生了失误，比如线从麦克风上掉了下来、麦架被撞倒、你来回走动时被线缠住了脚。

3. 花点时间挽救这些失误：把线插回麦克风上、扶起麦架、解开脚上的线等。一场演出难免会发生问题，处理这些问题，让它们成为演出的一部分。可以犯错，但不可以忽视。

4. 走到批评者位置□，回看自己是否轻松地处理好了这些突发情况。

5. 回到排练空间○，如果你做错了，就再做一遍。如果你做对了，也再做一遍。

6. 走到批评者位置□，在下方横线上写下你的感悟。

笔记：

当你离开舞台时

不要把麦克风放在桌子或者地板上。把它放回麦架上，这是麦架唯一的作用。

不要把麦克风扔给主持人。如果主持人在你演出结束后就站在身边，那就把麦克风递还给他。

不要关掉麦克风，因为主持人接到麦克风后会再报一遍你的名字并领掌。

该你了！

1. 从候场区的起始点进入排练空间○，站在麦架前。从麦架上取下麦克风，把麦架放到一边。

2. 假装完成了表演，把麦克风放回麦架，把麦架放回舞台中央并离开。需要的话，你可以找个朋友来扮演主持人，与你一起练习交接话筒。

3. 走到批评者位置□，回看自己是否顺利完成了退场。

4. 回到排练空间○，如果你做错了，就再做一遍。如果你做对了，也再做一遍。

5. 走到批评者位置□，在下方横线上写下你的感悟。

笔记：

不要认为光看看就能记住上面的内容，要多练习这些该做和不该做的事项，这样你才会看上去像一个专业的脱口秀演员。

该你了！

1. 从候场区的起始点开始，假装听到了介绍自己的串词，或者让别人把这些串词大声地念出来。

2. 进入排练空间○，从麦架上取下麦克风，把麦架放到一边。然后面向虚拟观众，把麦克风放在下巴下方的位置，开始你的演出。保持麦克风靠近下巴，在转身、做肢体动作时，将麦克风换到自由的手上。

3. 犯点小错误，如撞翻麦架，或者用拿麦克风的手做动作等。挽救你的失误并继续表演。表演结束后，把麦架放回原位，架好麦克风，感谢观众并顺利退场。

4. 走到批评者位置□，回看自己是否在顺利进退场的情况下完成了所有的麦克风技巧练习。

5. 回到排练空间○，如果你做错了，就再做一遍。如果你做对了，也再做一遍。

6. 走到批评者位置□，在下方横线上写下你的感悟。

笔记：

恭喜！你刚刚克服了表演脱口秀的一大恐惧。学会了熟练掌握上下场、正确使用麦克风和应对突发情况的技巧后，你将更加自信，因为这种重要而隐秘的能力已成为你的第二天性。在下一章，你将学习如何打磨演出。

WORKBOOK 5: HOW TO GET THE EXPERIENCE TO BE FUNNY

让演出锦上添花

打磨演出是一个持续、循环发展的过程，修改笑话、排练、表演。通过对整场演出的打磨，你会再次修改笑话、排练、表演，循环往复。

以下是一些教你如何打磨演出的建议：

- 回顾演出；
- 给每一个笑话打分；
- 改编、重写和重新编排笑话；
- 再次排练和表演。

打磨是一个持续不断提升演出水平的过程，而不是一件一劳永逸的事情。让我们从你打算精进的笑话或脱口秀段落开始吧。

该你了！

站在批评者位置□，在下方横线上写下你打算精进的笑话或脱口秀段落的标题。

标题：____________________

____

标题：____________________

____

标题：____________________

____

标题：____________________

____

回顾演出

如果你认为自己能记住演出中发生的所有事情，那就错了。通常你只会记得一点点，特别是即兴的部分。记住观众对你每一个笑话的反应细节几乎是不可能的事。一定要用设备把演出记录下来，这样你才能回看或者回听。

该你了！

1. 为了完成接下来的练习，你必须拥有自己的演出录音。如果没有的话，先去做一次演出并录下来。

2. 有了自己的演出录音后，走到批评者位置□，从头听到尾。

3. 再重新听一遍，这次在每个笑话或连续笑点结束后暂停，把它们写在第 25 页的横线上。

给每一个笑话打分

当你回顾演出时，根据所获得的笑声来给每一个笑话打分。给那些获得笑声最多的笑话打 A，笑声一般的打 B，笑声最少的打 C。如果一个笑话没有获得笑声，观众仅仅微笑了一下，那就给它一个 D。如果某个笑话只收获了一片沉默，那就是 F。

该你了！

第三次播放录音，并用 A、B、C、D、F 为笑话打分。

分数	笑话或连续笑点

改编、重写和重新编排笑话

我把这三件事情放在一起讲述，是因为它们经常重叠。例如，当你改编了某些笑话，接下来经常需要重写其他笑话，然后导致要重新编排整段内容；当你重写了一个笑话，则通常要改编其他笑话，然后重新编排整段内容；如果你重新编排了整段内容，就需要重写……我想，你已经懂了。

改编笑话

改编自己的笑话将是你在学习脱口秀过程中学到的最有用的能力。很多脱口秀演员很有趣，但他们会把自己的笑话当作孩子一样紧紧抓住不放，不管这些笑话是好还是坏。你越早把那些没效果的笑话砍掉，你的表演就越早达到专业水平。

该你了！

1. 回顾第 25 页的打分，删去 C、D、F 等级的笑话。

2. 挑出 A、B 等级的笑话，写在下方和第 27 页的横线上，做一个最佳笑话的汇总。

最佳笑话：

最佳笑话：

重写笑话

你会注意到，在挑出最佳笑话之后，有的笑话在新顺序下无法奏效。所以，现在你需要利用之前所学的所有技能来重写笑话。

《如何提升段子的“笑”果》第 1 章所提及的技巧，是重写笑话的第一个方法：

- 精简；
- 笑点用“底”收尾；
- 使用三段式结构；
- 使用常识；
- 尽量代入角色；
- 角色具体化、个性化。

该你了！

1. 回顾第 25 页，标出你想重写的笑话。

2. 在下方和第 29 页的横线上重写笑话，包括在新段落顺序中不再好笑的笑话，以及你能利用重写技巧改善质量的低分笑话。

重写的笑话：

重写的笑话：

把笑话放到笑话图解里

重写笑话的另一个方法是把笑话放入笑话图解里进行分析，从笑话结构的不同方面去分析相关的问题。笑话的每一个部分是不是都在起作用？铺垫有没有建立一个明确的目标假设？有没有清晰的连接点？对连接点的再解读是否令人意外？笑点有没有完全揭示故事 2 ？会不会有另外一个情境或故事能让再解读的意思表达得更好？了解笑话图解原理的好处在于你能够修复笑话。以下为一个示例：

铺垫：（伤心的语气）“我老婆和我最好的朋友跑了。”

故事 1：	男人很伤心，因为他妻子不再爱他，并和他最好的朋友在一起了。男人因为还爱着妻子而心烦意乱。
目标假设：	男人想念老婆。
连接点：	人物：老婆和朋友。
再解读：	男人想念朋友。
故事 2：	男人伤心是因为他想念朋友而不是老婆。

笑点：“天啊，我好想这个哥们儿啊。”

该你了！

1. 回顾第 26 页和第 27 页的最佳笑话，找到你觉得还可以精进或还没有达到最佳效果的笑话。

2. 将这些笑话填入第 31 ～ 33 页的笑话图解中，以确保它们被妥善搭建。

3. 如果每个笑话都能清晰地预料到目标假设，再解读都是巨大的惊喜，那这个笑话就是从根本上构建好了的。如果不是的话，请在第 31 ～ 33 页的横线上改写每个笑话，以修正它们的框架。

笑话图解

铺垫：

故事 1：

目标假设：

连接点：

再解读：

故事 2：

笑点：

重写笑话：

铺垫：

故事 1：

目标假设：

连接点：

再解读：

故事 2：

笑点：

重写笑话：

铺垫：

故事 1：

目标假设：

连接点：

再解读：

故事 2：

笑点：

重写笑话：

出于很多原因，你需要重新编排某段主题表演里的笑话，或者整场表演里的某些段落。例如，当你写了新笑话或修改了老笑话之后，原来属于 A 级的某些段落可能会降为 B 级，因此你需要改变它们在整场演出里的顺序。

用段落图形展示表演效果

用图形展示是一个很棒的技巧，能让你按照整体有效性来安排自己的演出。具体做法就是回听自己的演出录音，给每一个笑话的效果打分，然后每一个打分都用一个点在纸上显示出来，最终得出一个图形。这里不是喜剧实验室，所以这个图形不用弄得十全十美，这只是一个能让你看出自己的演出效果是如何爬升和跌落的简单方法。然后在图形下方的横线上，用代表笑话的关键词来重新编排笑话顺序。

以下是段落图形和重新编排的一个示例：

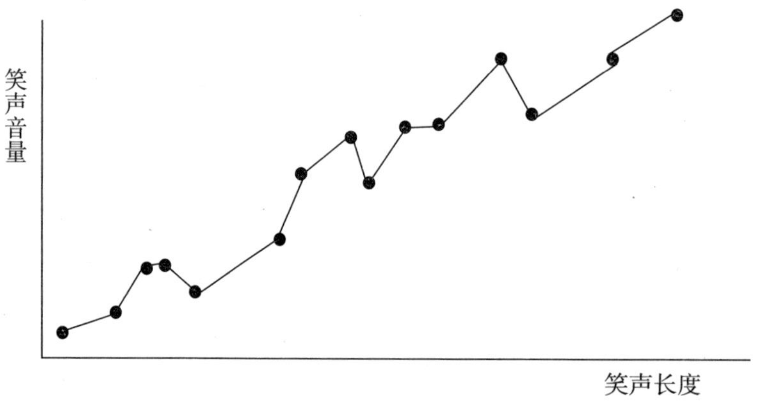

笑话顺序：

- 邮局排队
- 邮局职员证件照片
- 与邮局职员吵架
- 我们知道你住在哪里

该你了！

1. 重播演出录音，利用第 36 页和第 37 页的段落图形，用点来标记每个笑话的长度和音量，用笑点来划分每个单独的笑话。

2. 完成后回顾图形，思考如何编辑或排序能使你的表演始终保持稳步上升的状态，直到结束时获得最大的笑声。记得运用之前学过的所有改编和重写笑话的技巧。

3. 为脱口秀段落写一个新顺序。不用把笑话一字一句地写出来，用关键词代表笑话即可。这么做的目的是为你的段落找到一个更好的顺序。在之后的课程里，你将有机会学习改写整个段落，但目前只需要在第 36 页和第 37 页的横线上写出新的顺序。

段落图形

笑声音量

笑声长度

笑话顺序：

-
-
-
-
-
-
-
-
-
-
-
-
-
-
-

笑声音量

笑声长度

笑话顺序：

-
-
-
-
-
-
-
-
-
-
-
-
-
-
-
-
-

把有争议的笑话用于结尾或放到靠近结尾的地方

有争议的笑话往往在观众已经接受你的情况下，才会获得好的效果。有些笑话如果用来开场，会让观众对你产生疏离感。想让这些笑话产生效果，必须在和观众成为朋友之后说才行。

该你了！

浏览你的笑话，找到最具有争议的内容，在下方横线上写下关键词。你可以把这些笑话放在新的脱口秀段落的最后。

有争议的内容：

-
-
-
-
-
-
-
-
-
-
-
-
-
-
-

按 B、C、A 的顺序编排

在了解了如何把脱口秀笑话分为 A、B、C 三个等级之后，你现在要学习的是如何把它们编排成 B、C、A 的顺序。一场令人竖起大拇指、交口称赞的脱口秀表演，应该以你第二强的笑话或 B 级笑话开场，把你最弱的笑话或 C 级笑话放在中间，然后用最好的笑话或 A 级笑话结尾。因此，一段或整场表演的笑话应该按照 B、C、A 的顺序安排。

该你了！

1. 回到第 23 页复习本章所有的课程，熟悉你重写的笑话和脱口秀段落的新顺序。

2. 在下方和第 40 页的横线上，用笑话关键词写下新脱口秀段落的顺序。把 B 级笑话放开头，C 级笑话放中间，A 级笑话放结尾。你可能需要重新安排 B、C、A 三部分的内容，以使整场演出的效果一部分接一部分地不断攀升。

3. 记住：只需要用关键词排序，不需要逐字重写一遍笑话。下面，你将利用这个关键词顺序来完整地写出新脱口秀段落。

“B”级笑话列表：

-
-
-
-
-
-
-
-

"C" 级笑话列表：

-
-
-
-
-
-
-
-
-
-
-
-

"A" 级笑话列表：

-
-
-
-
-
-
-
-
-
-
-
-

重写整个段落

现在，你已经拥有了所有可以改善脱口秀段落的“拼图块”了。然而，重写段落并不是一件一劳永逸的事情。在表演成熟之前，你还是要进行多次的改编、重写和重新编排。

该你了！

1. 基于第 39 页和第 40 页的笑话列表，在下方及第 42 页和第 43 页的横线上写出新段落的全文。

2. 可能你需要复习先前学过的课程，回忆一下笑话的改编和重写方式。运用所有的知识来创作一个有专业结构、更优秀的脱口秀段落吧。

新的脱口秀段落（第 1 页）：

新的脱口秀段落（第 2 页）：

新的脱口秀段落（第 3 页）：

再次排练和表演

我把这个环节包括进来，是为了强调打磨演出的过程是持续循环的。现在你已经有一个新的脱口秀段落了，那就借助格雷格·迪安的排练流程不断地练习，去俱乐部多表演几次。然后回顾表演录音或录像，再重新打磨。

参考《如何提升段子的“笑”果》，复习视角练习和格雷格·迪安的排练流程。

该你了！

在下面的横线上写下你要去表演新段落的场地和时间。定下每周去三次的目标。舞台经验是无可替代的。

俱乐部：

日期：

俱乐部：

日期：

俱乐部：

日期：

* * *

现在是时候把你学到的所有东西都运用起来了。尽量频繁地去俱乐部表演。表演得越多，你会越专业，得到的反馈也越多。一开始，你可能需要每隔一场就要改编、重写和重新编排一次，但是表演次数多了以后，事情就会发生根本性的改变。你的表达能力很快就会提升，你会熟知怎么让每一个笑话获得最多的笑声，成为一个闪光的职业脱口秀演员。

如何增加表演经验强化练习

练习 1

开放麦

开放麦：

日期：

开放麦：

日期：

开放麦：

日期：

运作你自己的演出

场所：

与负责人商谈的日期：

演出日期：

场所：

与负责人商谈的日期：

演出日期：

场所：

与负责人商谈的日期：

演出日期：

演讲俱乐部

演讲俱乐部地址：

第一次聚会日期：

演讲日期：

演讲日期：

演讲日期：

公民俱乐部会议

组织：

日期：

组织：

日期：

组织：

日期：

组织：

日期：

组织：

日期：

组织：

日期：

匿名戒酒会

匿名戒酒会：

日期：

匿名戒酒会：

日期：

匿名戒酒会：

日期：

社交派对

笑话或段落：

笔记：

笑话或段落：

笔记：

笑话或段落：

笔记：

练习 2

开放麦

开放麦：

日期：

开放麦：

日期：

开放麦：

日期：

运作你自己的演出

场所：

与负责人商谈的日期：

演出日期：

场所：

与负责人商谈的日期：

演出日期：

场所：

与负责人商谈的日期：

演出日期：

演讲俱乐部

演讲俱乐部地址：

第一次聚会日期：

演讲日期：

演讲日期：

演讲日期：

公民俱乐部会议

组织：

日期：

组织：

日期：

组织：

日期：

组织：

日期：

组织：

日期：

组织：

日期：

匿名戒酒会

匿名戒酒会：

日期：

匿名戒酒会：

日期：

匿名戒酒会：

日期：

社交派对

笑话或段落：

笔记：

笑话或段落：

笔记：

笑话或段落：

笔记：

练习 3

开放麦

开放麦：

日期：

开放麦：

日期：

开放麦：

日期：

运作你自己的演出

场所：

与负责人商谈的日期：

演出日期：

场所：

与负责人商谈的日期：

演出日期：

场所：

与负责人商谈的日期：

演出日期：

演讲俱乐部

演讲俱乐部地址：

第一次聚会日期：

演讲日期：

演讲日期：

演讲日期：

公民俱乐部会议

组织：

日期：

组织：

日期：

组织：

日期：

组织：

日期：

组织：

日期：

组织：

日期：

匿名戒酒会

匿名戒酒会：

日期：

匿名戒酒会：

日期：

匿名戒酒会：

日期：

社交派对

笑话或段落：

笔记：

笑话或段落：

笔记：

笑话或段落：

笔记：

麦克风的使用技巧强化练习

虚拟观众的方位：

上场的方向：

候场区方位：

虚拟观众的方位：

上场的方向：

候场区方位：

虚拟观众的方位：

上场的方向：

候场区方位：

虚拟观众的方位：

上场的方向：

候场区方位：

虚拟观众的方位：

上场的方向：

候场区方位：

虚拟观众的方位：

上场的方向：

候场区方位：

让演出锦上添花强化练习

练习 1

给每一个笑话打分

段落标题：

分数	笑话或连续笑点

改编、重写和重新编排笑话

改编笑话

最佳笑话：

重写笑话

重写的笑话：

把笑话放进笑话图解里

铺垫：

故事 1：

目标假设：

连接点：

再解读：

故事 2：

笑点：

重写笑话：

用段落图形展示表演效果

笑声音量

笑声长度

笑话顺序：

-
-
-
-
-
-
-
-
-
-
-
-
-
-
-

把有争议的笑话用于结尾或放到靠近结尾的地方

有争议的内容：

-
-
-
-
-
-
-
-
-
-
-
-
-
-
-
-
-
-
-
-
-
-
-
-
-

按B、C、A的顺序编排

“B”级笑话列表：

-
-
-
-
-
-
-
-
-
-
-
-

“C”级笑话列表：

-
-
-
-
-
-
-
-
-
-
-

“A”级笑话列表：

-
-
-
-
-
-
-
-

重写整个段落

新的脱口秀段子（第 1 页）：

新的脱口秀段子（第 2 页）：

再次排练和表演

俱乐部：

日期：

俱乐部：

日期：

俱乐部：

日期：

俱乐部：

日期：

俱乐部：

日期：

俱乐部：

日期：

俱乐部：

日期：

俱乐部：

日期：

练习 2

给每一个笑话打分

段落标题：

分数	笑话或连续笑点

改编、重写和重新编排笑话

改编笑话

最佳笑话：

重写笑话

重写的笑话：

把笑话放进笑话图解里

铺垫：

故事 1：

目标假设：

连接点：

再解读：

故事 2：

笑点：

重写笑话：

用段落图形展示表演效果

笑声音量

笑声长度

笑话顺序：

-
-
-
-
-
-
-
-
-
-
-
-
-
-
-

把有争议的笑话用于结尾或放到靠近结尾的地方

有争议的内容：

-
-
-
-
-
-
-
-
-
-
-
-
-
-
-
-
-
-
-
-
-
-
-
-
-

按B、C、A的顺序编排

“B”级笑话列表：

-
-
-
-
-
-
-
-
-
-
-
-

“C”级笑话列表：

-
-
-
-
-
-
-
-
-
-
-

"A"级笑话列表：

-
-
-
-
-
-
-
-

重写整个段落

新的脱口秀段子（第 1 页）：

新的脱口秀段子（第 2 页）：

再次排练和表演

俱乐部：

日期：

俱乐部：

日期：

俱乐部：

日期：

俱乐部：

日期：

俱乐部：

日期：

俱乐部：

日期：

俱乐部：

日期：

俱乐部：

日期：

练习 3

给每一个笑话打分

段落标题：

分数	笑话或连续笑点

改编、重写和重新编排笑话

改编笑话

最佳笑话：

重写笑话

重写的笑话：

把笑话放进笑话图解里

铺垫：

故事 1：

目标假设：

连接点：

再解读：

故事 2：

笑点：

重写笑话：

用段落图形展示表演效果

笑声音量

笑声长度

笑话顺序：

-
-
-
-
-
-
-
-
-
-
-
-
-
-
-

把有争议的笑话用于结尾或放到靠近结尾的地方

有争议的内容：

-
-
-
-
-
-
-
-
-
-
-
-
-
-
-
-
-
-
-
-
-
-
-
-
-

按B、C、A的顺序编排

"B"级笑话列表：

-
-
-
-
-
-
-
-
-
-
-
-

"C"级笑话列表：

-
-
-
-
-
-
-
-
-
-
-

"A"级笑话列表：

-
-
-
-
-
-
-
-

重写整个段落

新的脱口秀段子（第 1 页）：

新的脱口秀段子（第 2 页）：

再次排练和表演

俱乐部：

日期：

俱乐部：

日期：

俱乐部：

日期：

俱乐部：

日期：

俱乐部：

日期：

俱乐部：

日期：

俱乐部：

日期：

俱乐部：

日期：

笑话图解强化练习

铺垫：

故事 1 ：

目标假设：

连接点：

再解读：

故事 2 ：

笑点：

铺垫：

故事 1 ：

目标假设：

连接点：

再解读：

故事 2 ：

笑点：

铺垫：

故事 1：

目标假设：
连接点：
再解读：
故事 2：

笑点：

铺垫：

故事 1：

目标假设：
连接点：
再解读：
故事 2：

笑点：

铺垫：

故事 1：

目标假设：

连接点：

再解读：

故事 2：

笑点：

铺垫：

故事 1：

目标假设：

连接点：

再解读：

故事 2：

笑点：

铺垫：

故事 1：

目标假设：
连接点：
再解读：
故事 2：

笑点：

铺垫：

故事 1：

目标假设：
连接点：
再解读：
故事 2：

笑点：

段落图形强化练习

笑声音量

笑声长度

笑话顺序：

●

●

●

●

●

●

●

●

●

●

●

●

●

●

笑声音量

笑声长度

笑话顺序：

●
●
●
●
●
●
●
●
●
●
●
●
●
●
●
●

笑声音量

笑声长度

笑话顺序：

-
-
-
-
-
-
-
-
-
-
-
-
-
-
-
-

未来，属于终身学习者

我这辈子遇到的聪明人（来自各行各业的聪明人）没有不每天阅读的——没有，一个都没有。巴菲特读书之多，我读书之多，可能会让你感到吃惊。孩子们都笑话我。他们觉得我是一本长了两条腿的书。

——查理·芒格

互联网改变了信息连接的方式；指数型技术在迅速颠覆着现有的商业世界；人工智能已经开始抢占人类的工作岗位……

未来，到底需要什么样的人才？

改变命运唯一的策略是你要变成终身学习者。未来世界将不再需要单一的技能型人才，而是需要具备完善的知识结构、极强逻辑思考力和高感知力的复合型人才。优秀的人往往通过阅读建立足够强大的抽象思维能力，获得异于众人的思考和整合能力。未来，将属于终身学习者！而阅读必定和终身学习形影不离。

很多人读书，追求的是干货，寻求的是立刻行之有效的解决方案。其实这是一种留在舒适区的阅读方法。在这个充满不确定性的年代，答案不会简单地出现在书里，因为生活根本就没有标准确切的答案，你也不能期望过去的经验能解决未来的问题。

而真正的阅读，应该在书中与智者同行思考，借他们的视角看到世界的多元性，提出比答案更重要的好问题，在不确定的时代中领先起跑。

湛庐阅读App：与最聪明的人共同进化

有人常常把成本支出的焦点放在书价上，把读完一本书当作阅读的终结。其实不然。

时间是读者付出的最大阅读成本

怎么读是读者面临的最大阅读障碍

“读书破万卷”不仅仅在“万”，更重要的是在“破”！

现在，我们构建了全新的“湛庐阅读”App。它将成为你“破万卷”的新居所。在这里：

- 不用考虑读什么，你可以便捷找到纸书、电子书、有声书和各种声音产品；
- 你可以学会怎么读，你将发现集泛读、通读、精读于一体的阅读解决方案；
- 你会与作者、译者、专家、推荐人和阅读教练相遇，他们是优质思想的发源地；
- 你会与优秀的读者和终身学习者为伍，他们对阅读和学习有着持久的热情和源源不绝的内驱力。

从单一到复合，从知道到精通，从理解到创造，湛庐希望建立一个“与最聪明的人共同进化”的社区，成为人类先进思想交汇的聚集地，与你共同迎接未来。

与此同时，我们希望能够重新定义你的学习场景，让你随时随地收获有内容、有价值的思想，通过阅读实现终身学习。这是我们的使命和价值。

本书阅读资料包

给你便捷、高效、全面的阅读体验

本书参考资料

湛庐独家策划

- 参考文献
  为了环保、节约纸张，部分图书的参考文献以电子版方式提供
- 主题书单
  编辑精心推荐的延伸阅读书单，助你开启主题式阅读
- 图片资料
  提供部分图片的高清彩色原版大图，方便保存和分享

相关阅读服务

终身学习者必备

- 电子书
  便捷、高效，方便检索，易于携带，随时更新
- 有声书
  保护视力，随时随地，有温度、有情感地听本书
- 精读班
  2~4周，最懂这本书的人带你读完、读懂、读透这本好书
- 课　程
  课程权威专家给你开书单，带你快速浏览一个领域的知识概貌
- 讲　书
  30分钟，大咖给你讲本书，让你挑书不费劲

湛庐编辑为你独家呈现
助你更好获得书里和书外的思想和智慧，请扫码查收！

（阅读资料包的内容因书而异，最终以湛庐阅读App页面为准）

湛庐阅读App

思想者的声音图书馆

倡导亲自阅读

不逐高效，提倡大家亲自阅读，通过独立思考领悟一本书的妙趣，把思想变为己有。

阅读体验一站满足

不只是提供纸质书、电子书、有声书，更为读者打造了满足泛读、通读、精读需求的全方位阅读服务产品——讲书、课程、精读班等。

以阅读之名汇聪明人之力

第一类是作者，他们是思想的发源地；第二类是译者、专家、推荐人和教练，他们是思想的代言人和诠释者；第三类是读者和学习者，他们对阅读和学习有着持久的热情和源源不绝的内驱力。

CHEERS

以一本书为核心

遇见书里书外，更大的世界

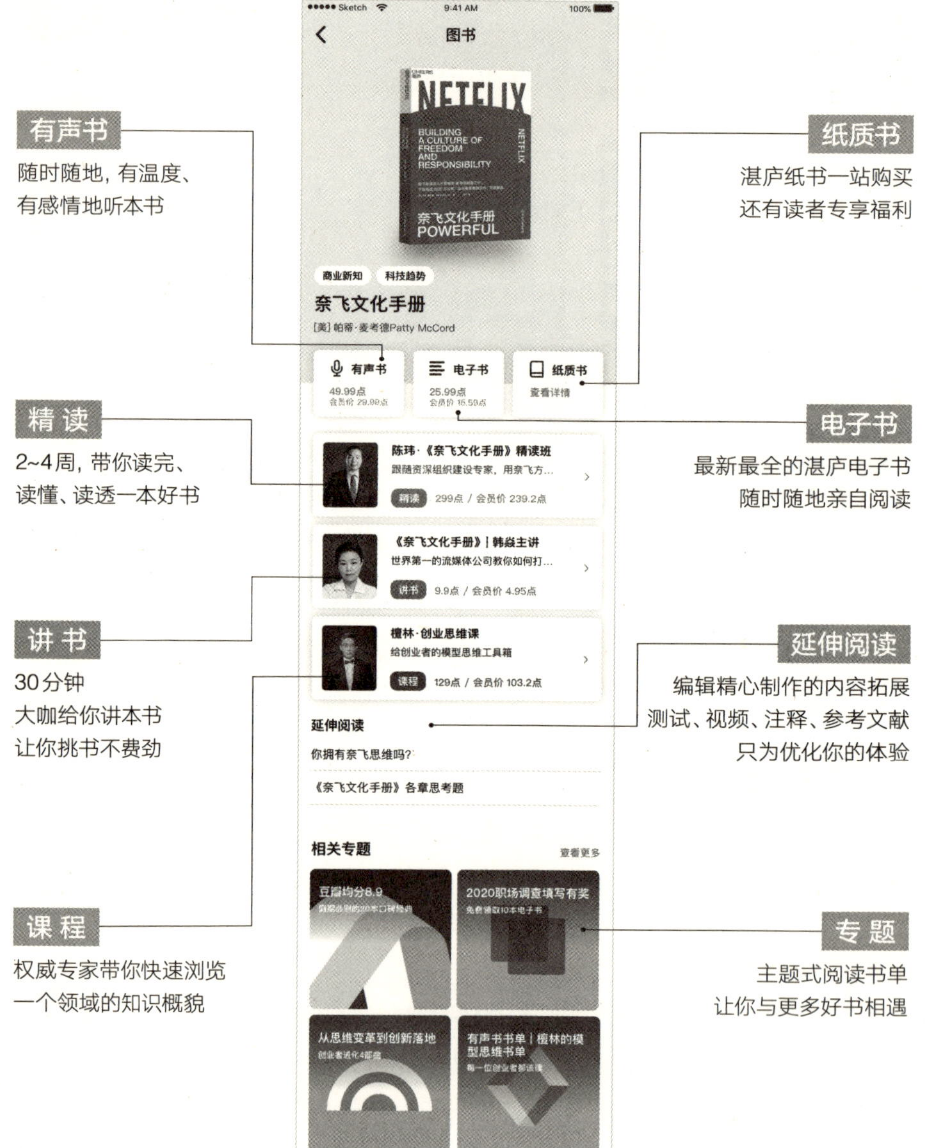

Step By Step to Stand-up Comedy – Workbook Series
Workbook 5: How to Get the Experience to Be Funny

图书在版编目（CIP）数据

如何成为一名脱口秀老手 /（美）格雷格·迪安著；笑果研究所译 . —杭州：浙江人民出版社，2020.1（2022.1重印）
（手把手教你玩脱口秀实战系列）
书名原文：Step By Step to Stand-up Comedy–Workbook Series Workbook 5: How to Get the Experience to Be Funny
ISBN 978-7-213-09346-3

Ⅰ . ①如…　Ⅱ . ①格… ②笑…　Ⅲ . ①语言艺术 – 通俗读物　Ⅳ . ① H019-49

中国版本图书馆 CIP 数据核字（2019）第 283089 号

浙江省版权局
著作权合同登记章
图字：11-2019-144号

上架指导：畅销书 / 职场

如何成为一名脱口秀老手

［美］格雷格·迪安　著
笑果研究所　译　呼兰　程璐　审校

出版发行：浙江人民出版社（杭州体育场路 347 号　邮编　310006）
　　　　　市场部电话：（0571）85061682　85176516
集团网址：浙江出版联合集团　http://www.zjcb.com
责任编辑：蔡玲平
责任校对：陈　春
印　　刷：石家庄继文印刷有限公司
开　　本：710mm × 965mm 1/16　　印　　张：7
字　　数：100 千字
版　　次：2020 年 1 月第 1 版　　印　　次：2022 年 1 月第 4 次印刷
书　　号：ISBN 978-7-213-09346-3
定　　价：39.90 元

如发现印装质量问题，影响阅读，请与市场部联系调换。